I0840225

Inhalt

Ruhezone

-

Der Introvertierte in dir und mir!

Jonas Theiss

Einleitung

Bist Du gerne alleine und gehst großen Menschenmassen aus dem Wege gehen? Spaziergänge durch den Wald schätzt Du mehr als beispielsweise den Weg durch ein überfülltes Einkaufszentrum. Dann bist Du wie ich!

Wir beide haben die gleichen Anreize uns der Einsamkeit hinzugeben, die andere als so schrecklich empfinden. Introversion ist der Schlüssel oder auch der Grund zu dem, was Dich plagt oder was Dich von anderen unterscheidet.

In diesem Buch möchte ich Dich mit auf eine Reise nehmen, die speziell mich und meine Erfahrungen beschreibt.

Ich selber bin introvertiert und ich stehe dazu! Wie ich gelernt habe, „anders zu sein", möchte ich Dir nachfolgend gerne erklären.

Es ist keine Magie, sondern einfach nur das Verständnis dafür, was die Introversion eigentlich ist.

Nachfolgend werden wir genauer auf die Definition eingehen und beschreiben, was Dich sozial und auch beruflich von anderen Menschen unterscheiden kann.

Dabei ist es nicht wichtig, ob Du männlich oder weiblich, ob im jugendlichen oder Renten Alter, ob in der Schule oder Arbeit bist. Die richtige Einstellung, das richtige Verständnis und der richtige Umgang mit der Introvertiertheit sind der Schlüssel.

Ich wünsche dir viel Spaß bei diesem Buch und hoffe ich kann dir weiterhelfen und dein Leben bereichern.

Definition und Eigenschaften von introvertierten Menschen

Bevor wir mit der eigentlichen Introvertiertheit beginnen, möchte ich gerne, dass wir einordnen, was die Introversion eigentlich ist.

Wer über die Introversion spricht, muss natürlich auch die Extroversion, also das genaue Gegenteil, berücksichtigen.

Es handelt sich hierbei nur um Dimensionen eines Verhaltens.

Damit lässt sich das Verhalten eines Menschen beschreiben, jedoch nicht der Mensch selbst. In der Psychologie lassen sich zahlreiche Unterschiede zwischen Introversion und Extraversion finden. Erkannt wurde, dass jeder Mensch sich durch verschiedene Persönlichkeitsstufen und Arten definiert. Dadurch sind wir alle unterschiedlich und doch gleich.

Durch diese Unterschiede, die am Ende dann doch Gemeinsamkeiten sein könnten, entstanden ganz unterschiedliche Definitionen. Diese sind in der Fachliteratur nun mehrfach zu finden. Doch ich rate Dir, leg die Bücher weg und lies, was ich Dir zu sagen habe.

Definition hin oder her: Was bin ich denn nun?

Giltst auch Du als introvertiert, dann kennst Du Deine Eigenschaften wahrscheinlich am besten. Auch ich, der sehr lange nicht wusste, was Introvertiertheit überhaupt ist, habe diese Eigenschaften. Zwar in einer anderen Ausprägung als Du, doch sie sind ein Teil unserer Persönlichkeit. Deswegen fühlen wir uns beide gleich. Geht es jedoch nach der Psychologie, dann lassen sich die Persönlichkeiten von Menschen in unterschiedlichen Ebenen definieren. Das gilt auch für Persönlichkeitsmerkmale.

Die Ansätze der Psychologie beschreiben, dass Menschen, die introvertiert sind oder extrovertiert, mehrere Persönlichkeitsmerkmale besitzen. Um diese Persönlichkeitsmerkmale zu definieren, benutzt die Psychologie den MBTI. Dieser Faktor beschreibt die Persönlichkeitsmerkmale in vier unterschiedlichen

Dimensionen. Anhand dieses Beispiels soll nun erklärt werden, wie die Introversion verbunden ist. Wir alle haben Eigenschaften, die im Zusammenhang mit anderen Merkmalen definiert werden.

Hinweis: *Die Definition durch den MBTI wurde von einer amerikanischen Psychologin namens Katharine Briggs entwickelt. Diese Forschungsstudie begann 1920. Damals wurden Menschen in unterschiedliche Persönlichkeitsmerkmale untergliedert. Diese Forschung kam es zu dem Ergebnis, dass Menschen in vier Dimensionen voneinander zu trennen sind.*

Die vier Dimensionen der Persönlichkeiten

Nachfolgend möchte ich, bevor wir auf die eigentliche Introversion eingehen, beschreiben, welche vier Dimensionen laut dem MBTI entstanden sind. Die erste Ebene beschreibt die Introversion und Extraversion. Hier wird beschrieben, wie Personen auf Stimulationen reagieren und woraus sie ihre Energie ziehen.

Ich als Introvertierter orientiere mich nach innen. Der Extrovertierte hingegen nach außen. Dadurch unterscheiden sich unsere Persönlichkeiten sehr stark.

Eine weitere Dimension des MBTI beschreibt die Sensorik. In diesem Aspekt wird beschrieben, wie Informationen aus der Umwelt wahrgenommen werden. Sensorische Menschen orientieren sich beispielsweise an objektiven Informationen.

Das genaue Gegenteil, also der intuitive Mensch, hinterfragt die Bedeutung dieser Information.

In der dritten Ebene ist das Denken und Fühlen integriert. Beschrieben wird, wie Informationen verarbeitet werden und wie Menschen dadurch zu Entscheidungen gelangen. Laut den Forschungsergebnissen neigen Menschen dazu, Entscheidungen rational oder basierend auf Gefühlen zu treffen.

Laut der vierten Dimension sind das Beurteilen und Wahrnehmen wichtige Faktoren. Dabei werden Menschen, die als Beurteiler oder als Wahrnehmer beschrieben werden, genau definiert. Beurteiler treffen sehr schnell Entscheidungen und bleiben bei den getroffenen Entscheidungsmustern. Diese Beurteiler zeigen sehr häufig eine Verschlossenheit für neue Informationen.

Das Gegenteil, der Wahrnehmer, sammelt zuerst Informationen, bevor er eine Entscheidung trifft.

Laut der Psychologin, die dieses Dimensionen-Bild entwickelt hat, unterscheiden sich die Menschen sehr deutlich in diesen vier Dimensionen. So besagt die Theorie, dass jeder Mensch eine Präferenz für eine Seite dieser Phasen besitzt. Diese Präferenz mag stark ausgeprägt sein oder nur sehr schwach.

Wie fast jede Methode ist auch diese psychologische Theorie sehr umstritten. Zwar wird die MBTI-Methode weitestgehend anerkannt, doch es gibt immer wieder Zweifel in jeder Form von Typisierung.

Du solltest Dir vor Augen halten, dass nichts definitiv und genau beschlossen werden kann. Auch nicht, wenn es um die Introversion geht. Menschen lassen sich nicht in eindimensionale Muster stecken.

Die hier beschriebenen Dimensionen sollten nicht als Schwarz-Weiß-Muster betrachtet werden, oder als Skala, um Menschen zu beurteilen. Jeder von uns ist ein einzigartiges Individuum und wesentlich komplexer als diese vier Dimensionen.

Die Introversion in kurzen Facts

Ich möchte nicht ganz so stark auf die Grundlage der Introversion eingehen, sondern vielmehr kurz und knapp erklären, was sie eigentlich ist.

Zahlreiche wissenschaftliche Belege gibt es zu der Introversion schon. Nachzulesen in unglaublich vielen Büchern. Doch das ist nicht wirklich das Entscheidende, wenn man über die Introversion spricht.

Ich möchte in diesem Buch aufzeigen, welche gemeinsamen Eigenschaften Du und ich haben, wie wir mit diesen Eigenschaften umgehen können, und wie wir lernen, uns selbst zu akzeptieren. Genau das fällt uns allen schwer.

Die Gesellschaft wird seit vielen Jahren immer stärker extrovertiert. Das macht es uns als introvertierten Personen natürlich sehr schwer, in dieser Gesellschaft zu leben.

Um Dich selbst und vor allem die Introversion zu verstehen, gibt es nur wenige Fakten, die Du wirklich kennen musst. Diese Fakten werde ich nun definieren, damit wir direkt in das Leben eines introvertierten Menschen einsteigen können.

Woher stammt die Introversion?

Die Frage nach dem „Wer hat's erfunden?" kann man ganz einfach beantworten.

Der Schweizer Psychologieanalytiker Carl Gustav Jung ist der Erfinder der Introversion. Er beschreibt im Jahre 1921, was die Introversion und die Extroversion eigentlich sind.

Nach dieser Definition ist die Extroversion eine Eigenschaft für direkte Erlebnisse mit Menschen und Dingen. Laut dieser Definition sollen Menschen, die extrovertiert sind, Erfahrungen direkt und bewusst erleben. Introversion ist hingegen eine Präferenz für innere Welten und Gedanken. Introvertierte Menschen fokussieren sich auf ihr Innenleben, anstatt auf das Außenleben. Erstaunlich ist, dass rund 30 % der Weltbevölkerung als introvertiert gelten.

Warum bin ich introvertiert?

Hast Du Dich nicht auch manchmal gefragt, warum gerade Du introvertiert bist? Auch dazu gibt es verschiedene Studien und wissenschaftliche Belege. Diese Belege sagen aus, dass Introversion und auch Extroversion zu einem gewissen Teil Veranlagung sind.

Dazu wurden verschiedene Zwillingsstudien durchgeführt. Über viele Jahrzehnte hinweg haben die Studien belegt, dass Zwillingspaare, die getrennt voneinander aufwachsen, zahlreiche ähnliche Persönlichkeitsmerkmale zeigen.

Natürlich ist die Introversion bei jedem von uns anders ausgeprägt. So hat jeder seine eigene Persönlichkeit, die unterschiedlich stark vom Menschen bevorzugt werden.

Da drängt sich natürlich eine wichtige Frage auf. Wie viel der Introversion kann wirklich als angeborenes Merkmal definiert werden?

Eine wirkliche Antwort gibt es auf diese Frage natürlich nicht. Veranlagung und Erziehung beeinflussen unsere Gene. Zwillingsstudien haben allerdings nicht nur die Introversion und die Extroversion besser definiert, sondern auch gezeigt, dass die Erziehung eines Kindes immer unterschiedlich wirkt. Jedes Kind nimmt die Erziehungsmethoden der Eltern anders auf und verarbeitet sie anders.

Man kann also anhand der vielen wissenschaftlichen Untersuchungen feststellen, dass die Introversion und als Teil der Persönlichkeit angeboren sind. Geprägt und manifestiert werden die Eigenschaften der Introversion in der frühen Kindheit. Introvertierte Personen ändern sich im Laufe des Lebens nur geringfügig.

Immerhin ist es keine Erkrankung, die man ganz einfach behandeln kann.

Die Introversion wird durch Merkmale, Persönlichkeitsentwicklungen und Erfahrungen geprägt. Ich habe mit der Zeit begonnen, verschiedene Aspekte meiner Introversion wertzuschätzen. Unsere Vorlieben, die wir aus diesen Extremen ziehen, bleiben während unseres Lebens stabil, können sich aber immer anders definieren.

Introversion zeigt sich nicht nur sozial

Bei der Entwicklung des Begriffes Introversion beschränkte sich die Definition nicht nur auf soziale Kompetenzen, sondern er beschrieb die Introversion als Präferenz für das Äußere und Innere eines Menschen. In den vergangenen Jahrzehnten wurden die Begriffe Introversion und Extraversion jedoch immer mehr zurechtgerückt. Das diente dem allgemeinen Verständnis und vereinfachte die Definition.

Die Introversion ruft bei vielen Menschen heute vor allem Assoziationen wie Zurückgezogenheit, unsozial, passives Verhalten und Einsamkeit hervor. So wird von vielen die Introversion heute beschrieben, was mich leider nicht wundert.

Mehr als die Hälfte aller introvertierten Menschen reagieren auf soziale Situationen vollkommen anders, als man es vielleicht gewohnt ist.

Das bedeutet jedoch nicht, dass wir ein zurückgezogenes und einsames Leben führen. Das wirst Du sicherlich gut bestätigen können.

Introvertierte Menschen sind natürlich gerne mit anderen Menschen zusammen. Viele von unserer Gruppe pflegen sogar zahlreiche Freundschaften. Einige von uns leben ihr Sozialleben sogar sehr aktiv. Nach dem allgemeinen Verständnis der Psychologie sind das keine großen Widersprüche. Betrachtet man jedoch die Definition im Allgemeinen passt das Verhalten nicht zu Introversion. Aus diesem Grund wurde der Begriff Hochsensibilität erschaffen. Geprägt wurde er von Elaine Aron. Der Begriff Hochsensibilität geht wieder auf eine ursprüngliche Bedeutung von C. G. Jung zurück.

Heute ist die Introversion eine Beschreibung von sozialen Verhaltensweisen. Wie Du sicherlich aus eigener Erfahrung weißt, gehen die Eigenschaften jedoch weit über das Sozialverhalten hinaus.

Trotzdem werden diese Verhaltensweisen mit der Introversion verbunden. Ganz klar ist, dass die Introversion sich nicht nur auf das soziale Kompetenzverhalten auswirkt, sondern in allen Bereichen des Lebens eine Rolle spielt. Lernt ein introvertierter Mensch, sich in sozialen Situationen extrovertiert zu verhalten, ist es fast unmöglich, diesen Menschen als introvertierte Person zu definieren.

Hier fühlen sich die meisten introvertierten Menschen nicht wohl, wenn sie in die Verhaltensmuster eines Extrovertierten abrutschen. Deswegen wird es wohl kaum jemanden geben, der introvertiert ist und sich extrovertiert verhält.

 Das eigentliche Muster von Introversion und Extraversion basiert auch heute noch darauf, dass beide Verhaltenstypen unterschiedliche Stimulationen im Leben benötigen. Wissenschaftliche Studien beweisen, dass introvertierte Menschen sensibler auf Stimulation reagieren. Demnach brauchen Du und auch ich ein geringeres Niveau an Stimulation als beispielsweise ein extrovertierter Mensch.

Doch was versteht man nun eigentlich darunter? Introvertierte Menschen sind aufgrund einer hohen Gehirnaktivität sensibler, wenn sie von außen neue Reize empfangen. Deswegen ist es fast unmöglich, einen introvertierten Menschen zu langweilen.

Denn in meinem Kopf, und auch in Deinem, ist immer etwas zu tun. Kommen nun neue Reize von außen auf uns zu, führt das jedoch dazu, dass wir sehr schnell überstimuliert sind. Mit dieser ganz einfachen Erkenntnis hast Du nun die Möglichkeit, Dein Leben bewusster auszuleben und zu gestalten.

Dein Ziel sollte es sein, die optimalen Level zwischen Stimulation und Ruhe zu finden. Es wäre also ratsam, sich nur so stark mit neuen Reizen zu stimulieren, wie es gerade noch so erträglich ist.

Spricht man von der Stimulation, dann ist man ganz automatisch auch bei der Sensibilität angekommen. Laut meinen Erfahrungen sind Introvertierte überdurchschnittlich sensibel.

Durch diese überdurchschnittliche Sensibilität entstand der Begriff Hochsensibilität. Wissenschaftliche Studien haben bewiesen, dass introvertierte Menschen grundsätzlich hochsensibel veranlagt sind. Es gibt allerdings auch hochsensible Menschen, die nicht introvertiert sind.

Der Unterschied liegt ganz einfach darin, dass hochsensible Menschen, die nicht introvertiert sind, zwar sensibel reagieren, jedoch andere soziale Kompetenzen besitzen.

Der Schlüssel zu diesen Erkenntnissen liegt ganz einfach in der Erziehung. Hochsensible Menschen, die nicht introvertiert sind, haben in ihrer Erziehung recht früh gelernt, sich sozial aufgeschlossen zu verhalten.

Das sieht bei uns als Introvertierten vollkommen anders aus. Denn wir sind hochsensibel und mit den sozialen Kompetenzen verbunden. Wir haben also nicht gelernt, uns offen und herzlich dem sozialen Umfeld zu widmen.

Zusammenfassung

Introversion ist ein Thema, welches man in sehr vielen Bereichen analysieren kann. Soweit möchte ich im Grunde nicht gehen. Vielmehr will ich Dir zeigen, dass Du nicht „unnormal" bist, auch wenn andere Dein Verhalten nicht verstehen. C.G. Jung hat das Introversions-Verhalten sehr gut definiert.

Er beschreibt, dass wir als Introvertierte in einer inneren Welt aus Gedanken gefangen scheinen. Wir haben einen anderen Blick auf diese Welt und gelten deswegen auch als hochsensibel.

Energie schöpft ein Introvertierter beispielsweise aus der Zurückgezogenheit, während andere Menschen sich mehr dem sozialen Leben stellen. Das heißt nun aber nicht, dass wir anders sind und unglücklicher. Sondern wir haben einfach ein anderes Verständnis von Glück. Weil wir gerade bei dem Thema Energie waren:

Wie schöpfst Du Energie, wenn Dir die Welt mal wieder zu laut und zu hektisch vorkommt? Ich für meinen Teil nutze die Natur, kleine Pausen im Alltag oder einfach den einsamen Arbeitsweg.

Aus dem Leben eines introvertierten Menschen

Sobald Du dieses Buch liest, wirst Du sehr viel über mich und meine Persönlichkeit erfahren. Mein Name ist Dennis und ich bin ein Mensch, der als introvertiert gilt. Studien zufolge sind rund ein Drittel aller Menschen introvertiert.

Hast Du die Kapitel im Vorfeld gut gelesen, dann kennst Du die Vorurteile und die Eigenschaften eines Menschen mit introvertierten Zügen.

Ich möchte Dir nun nachfolgend mehr über mich und im gleichen Atemzug mehr über Dich erzählen. Du wirst überrascht sein, wie viele Eigenschaften uns beide verbinden. Bevor ich nun zu meinen Eigenschaften komme, möchte ich Dir eine ganz besondere Persönlichkeit vorstellen.

Jeder von uns kennt sie, was viele aber nicht wissen, ist, auch sie ist eine introvertierte Person.

Die Rede ist von **Angela Merkel**.

Angela Merkel gilt als eine bekannte Person, die introvertierte Züge in den eigenen Verhaltensweisen aufzeigt. Ebenfalls als introvertiert gilt Barack Obama, der jedoch wegen seiner charismatischen Art wiederum sehr geliebt wird.

Wir sind also keinesfalls alleine, auch wenn es häufig so aussieht. Nun möchte ich Dir aber nicht nur Persönlichkeiten benennen, sondern auch einige Eigenschaften von mir sollen nun Dein Bild zur Introvertiertheit öffnen.

Als introvertierter Mensch wird mir oft nachgesagt, ich sei still und zurückgezogen. Das stimmt nur teilweise, auch wenn ich ein Mann weniger Worte bin, so habe ich durchaus Interesse an anderen Menschen.

Zuhören und aufmerksam beobachten sind meine Stärken, weshalb ich mich nicht nur von dem Gerede eines Menschen beeinflussen lasse.

Damit unterscheide ich mich sehr stark von anderen Menschen, die oftmals an den Lippen der redenden Person hängen. Dabei vernachlässigen sie jedoch die Körperhaltung und die kleineren Gesten. Ich hingegen sehe diese Gesten und Handlungen und mache mir mein eigenes Bild.

In meinem Verhalten zeigen sich noch andere Eigenschaften. Ich neige dazu, alles klar und strukturiert zu sehen. Übertreibungen sind bei mir ausgeschlossen. Dadurch gelte ich bei vielen als glaubwürdig, was mich natürlich auch zu einer angesehen Person macht. Gleichzeitig würde ich mich selber mit den Worten bescheiden, verantwortungsvoll und pünktlich beschreiben. Ich halte nicht viel davon, anderen meinen Reichtum oder meinen Luxus zu zeigen.

Generell bin ich weniger auf materielle Dinge aus. Auch wenn es um die Verantwortung im Beruf und in meinem Privatleben geht, lege ich viel Wert auf Gewissenhaftigkeit.

Deswegen vertrauen mir Menschen wichtige Aufgaben an. Pünktlichkeit gehört für mich zum guten Ton, aber sicher kennst Du das von Dir selber auch.

Hinterfragst auch Du vieles und reflektierst Dein eigenes Verhalten?

Dann bist Du wie ich, auch ich kann mein eigenes Verhalten sehr genau erkennen und analysieren. Dabei will ich nicht mich selber beurteilen, sondern vielmehr mein eigenes Wachstum fördern.

Es scheint oftmals so, als würden andere Menschen mich meiden oder als würde ich mit Menschen nur ungerne Zusammensein. Das stimmt nicht ganz.

Ich spreche nur weniger als andere Menschen und überlege sehr genau, bevor ich etwas sage. Selten bin ich von anderen Menschen gelangweilt, sollte das doch einmal der Fall sein, dann flüchte ich mich in Tagträume.

Dort kann ich grübeln und nachdenken. Also genau das Richtige für mich und meinen Geist.

Ich verbringe eben gerne Zeit alleine und vor allem mit mir. Meine Ruhe begeistert sehr viele Menschen, dabei empfinde ich sie als normal. Was mich jedoch noch ausmacht: ich spreche nicht sonderlich gerne und schon gar nicht über belanglose Dinge. Der Small Talk ist also nicht so mein Fall. Woran Du mich noch erkennst: ich schreibe lieber als zu telefonieren.

Treffe ich auf andere Menschen, so würden sie mich doch als komischen Kauz beschreiben. Ich schaue oft streng und kann nur selten wirklich aus mir herauskommen. Zudem mag ich fremde Menschen nicht, sagt man mir nach. Das stimmt nicht ganz, ich beobachte jedoch, bevor ich mit einem Menschen in Kontakt trete.

Erkennst Du Dich in diesen vielen Aussagen wieder, dann sind wir beide uns sehr ähnlich. Natürlich müssen nicht alle diese Aspekte auf Dich zutreffen, immerhin sind wir alle Menschen, die etwas unterschiedlich sind.

Fassen wir noch einmal beide kurz zusammen: Wir beide sind zu 70 % gleich, wenn es um die Introvertiertheit geht. Woher ich das weiß?

Weil Du die gleichen Verhaltensweisen zeigst wie ich. Wir beide sind zurückhaltend, wenn es um fremde Menschen geht. Generell begeben wir uns nur ungerne unter Menschen und halten unsere Gedanken mehr schriftlich fest. Wir schauen, wenn wir unserer Umwelt glauben wollen, grimmig.

Außerdem können wir hervorragend zuhören und gleichzeitig beobachten. Bevor Du sprichst, überlegst Du genau was Du sagen willst. Viele Dinge hinterfragst Du wahrscheinlich auch.

Du selbst bist Dein Spiegelbild, immer wieder reflektierst Du Deine Ansichten und Gedanken. Neid ist keine Tugend, da stimmst Du voll zu.

Auch das Angeben oder das Anhäufen von Luxus gehören nicht zu Deinen Eigenschaften. Wenn Du diese und weitere Eigenschaften an Dir erkennen kannst, bist Du introvertiert.

Was kann ich Dir noch aus meinem Leben berichten, was Dir helfen kann, Dich nicht alleine zu fühlen? Bei mir hat die Introvertiertheit nicht einfach nur so begonnen, sondern als Kind zeigte ich diese Eigenschaften bereits.

Durch Gespräche mit anderen Mitmenschen, die ebenfalls unsere Persönlichkeitsmuster teilen, bemerkte ich, dass Introvertierte über das Introvertiert sein nicht nachdenken. Es ist eben einfach so.

Blicke ich auf meine Kindheit zurück, kann ich diese Aspekte nur bestätigen.

Für mich selber hatte es keine große Bedeutung, sondern ich war eben anders. Das bemerkten auch meine Eltern schnell und versuchten, mein Verhalten mit Schüchternheit abzutun.

Meine Schulzeit, soweit ich mich daran noch erinnern kann, war schon von meiner Introvertiertheit geprägt. Uns wird oft nachgesagt, keine Freunde gehabt zu haben.

Doch das stimmte bei mir nur bedingt. Ich hatte durchaus Schulfreunde, schaute aber nie über den Tellerrand hinaus. Veranstaltungen mied ich soweit es ging und auch gemeinsame Feierlichkeiten mit der Familie waren für mich weniger interessant.

Bemerkt wurde ich nur selten und auffällig war ich mehr durch mein ruhiges Verhalten. Ich brauchte die Aufmerksamkeit der Verwandten nur wenig.

Irgendwann kam der Moment, in dem ich auch in meiner Jugend verstand, dass ich etwas anders war. Ich recherchierte also und stellte fest, dass meine Eigenschaften zu einem introvertierten Menschen passen. Für mich erstmal nichts Schockierendes, denn für mich gab es einfach keine anderen Verhaltensweisen.

Schnell bemerkte ich, dass in meinem Leben einige Dinge anders verliefen, als man es vielleicht gewohnt war. Ich dachte über mein Verhalten eigentlich nie wirklich nach, denn es war mir von Anfang an so in die Wiege gelegt.

Doch irgendwann kam dieser ganz besondere Moment, in dem ich mich dann doch mit meinem Verhaltensweisen und der Introvertiertheit auseinandersetze. Ich begann also aufzuschreiben, was mir über die Introvertiertheit einfiel.

Dabei analysierte ich natürlich auch mein eigenes Verhalten, was Du nun tun solltest. Während meiner Recherche begann ich also nicht nur über mein eigenes Verhalten nachzudenken, sondern auch über das Verhalten meiner Mitmenschen.

Ich verglich uns miteinander und merkte, dass es größere Unterschiede gab, als anfänglich gedacht. Während meiner Recherchezeit sprach ich mit sehr vielen Leuten und stieß dabei immer wieder auf Verständnis und Interesse, selbst bei den Menschen, die als extrovertiert gelten.

Deswegen möchte ich, dass Du Dir nun ein Herz fasst und als introvertierter Mensch mit Deinem Schicksal lebst.

Du selbst wirst Deine Verhaltensweisen nur sehr schwer ändern können, auch wenn es natürlich wichtig ist, sich selbst zu akzeptieren.

Mit diesem Ratgeber möchte ich Dir aufzeigen, welche Vorteile und Nachteile Deine Introvertiertheit hat und wie Du mit diesen Eigenschaften im Alltag und im Job hervorragend umgehen kannst. Denn Introvertiertsein bedeutet nicht, dass Du einen Nachteil daraus ziehen musst.

Vorurteile gegenüber Introvertierten

Bevor wir beide bei den Vorurteilen landen, die Du Dir auch immer wieder anhören musst, möchte ich Dich noch mit einem weiteren Fakt überraschen. Introvertierte sind auch immer extrovertiert!

Diesen Fakt musst Du erst einmal verdauen, denn so einfach, wie ich das jetzt beschrieben habe, ist es nicht. Wer introvertiert ist, sieht sich nicht wirklich in einer extrovertierten Welt. Was ist jedoch, wenn ich Dir nun sage, dass es einen Introvertierten nicht gibt!

Bevor Du nun dieses Buch gleich zuklappen willst, möchte ich es Dir erklären. Stellen wir uns eine Skala vor, auf der einen Seite die Introversion, auf der anderen Seite die Extroversion. Je nachdem wo Du nach Deinen Gefühlen und Ausprägungen auf dieser Skala stehen magst, in diese Richtung tendierst Du.

Natürlich ist das jetzt alles sehr leicht beschrieben, doch diese einfache Beschreibung gibt wieder, warum man als extrovertiert oder als introvertiert gilt. Der Standpunkt auf dieser Skala beschreibt natürlich Deine Gefühle, Deine Anschauungen und Dein Verhalten.

Ich möchte damit nun niemanden in eine Schublade stecken, denn es gibt immer Unterschiede. Kommen wir aber zu den eigentlichen Vorurteilen, die sehr viele Introvertierte sich immer wieder anhören müssen. Auch ich will mich da nicht ausschließen. Angenommen wird, dass Introvertierte schüchtern sind.

Schüchternheit kann ich mir selber nun nicht unbedingt nachsagen. Wie Du dank meiner Erklärung bereits erkennen konntest, bin ich in mich gekehrt, aber nicht als schüchtern zu betrachten.

Wie sieht es mit Dir aus? Bist Du schüchtern?

Wer die Introversion auslebt und sich nicht verstellt, ist sehr mit seinem eigenen Seelenleben befasst, anstatt mit der Kommunikation nach außen. Stephen Hawking sagte einst: Stille Menschen haben den lautesten Verstand. Und damit hat er recht, denn als Introvertierter habe ich immer einen Gedanken, mit dem ich mich gerade befasse.

Wo liegt nun aber der Unterschied zwischen einem schüchternen Menschen und uns? Wir verbringen gerne Zeit mit uns. Wir mögen es, die eigenen Gedanken schweifen zu lassen. Da stimmst Du mir doch sicher zu. Doch wie sieht es nun aus, wenn man als schüchtern gilt? In diesem Falle hat man Angst, sich unter Menschen zu bewegen.

Ein weiteres Vorurteil ist, dass wir unsozial sind. Bevor wir mit diesem Vorurteil aufräumen, möchte ich kurz beschreiben, was unsozial überhaupt ist.

Kennst Du Sheldon Cooper, den komischen Kauz aus der Serie The Big Bang Theory?

Dieser Mensch ist mit all seinen Zügen unsozial. Er beschreibt sich als etwas Besonderes in diesem Universum und denkt, über den Menschen zu stehen. Genau das bedeutet es, ein unsoziales Leben zu führen. Wer sich nicht an die sozialen Gegebenheiten anpassen kann, gilt als unsozial. Als Introvertierter kann ich von mir behaupten, dass ich durchaus sozial sein kann. Ich muss jedoch nicht alle Verhaltensweisen der sozialen Masse übernehmen.

Nicht nur im sozialen Umfeld oder im Privatleben haben wir mit den Vorurteilen zu kämpfen, sondern auch im Berufsleben kommen wir immer wieder mit diesen in Kontakt. Im Privatleben beschreibt man uns als unsozial, vereinsamt, komische Menschen oder einfach als „unnormal".

Wobei unser Verhalten alles andere als unnormal ist. Sicherlich kannst auch Du dieses Thema bedenken.

Introversion wird nur deswegen so beschrieben, weil die Welt um Dich und auch um mich anders geworden ist. Die Menschen sind durch soziale Medien schneller in Kontakt und plaudern über sinnlose Dinge.

Der Introvertierte hingegen überlegt sehr genau, was er der Umwelt berichtet. Das kann nur zum Vorteil werden, bedenkt man die vielen Neider. Kommen wir nun aber zum Thema Berufsleben, denn auch da haben wir immer wieder mit den Vorurteilen zu kämpfen. Besonders wenn es um das Thema Teamfähigkeit geht.

Diese besondere Eigenschaft wird immer wieder als Schlüsselqualifikation im Gespräch mit potenziellen Arbeitgebern benannt. Introvertierten Menschen sagt man nach, dass ihnen diese besondere Qualifikation fehlt.

Doch das stimmt natürlich nicht ganz. Sicherlich bist auch Du in der Lage, in einem Team zu arbeiten.

Die Teamarbeit sieht vor, dass man nicht nur gemeinsam an einem Strang ziehen muss, sondern oftmals auch in Meetings und anderen Versammlungen seine Meinung äußern sollte.

Der perfekte Ort für jemanden, der extrovertiert ist. Hier kann ein Extrovertierter sich zeigen, seine Fähigkeiten einbringen und seine Hochform erlangen. Der Introvertierte kann in solchen Runden wiederum als schüchtern gelten.

Wir brauchen uns nichts vormachen, auch ich kann solche gruppendynamischen Arbeiten nur sehr schwer über mich ergehen lassen. Sicherlich kennst Du diesen Zwang dahinter. Der Introvertierte ist am kreativsten, wenn er einfach mal alleine arbeiten darf. Oftmals bereite ich mir deswegen verschiedene Aspekte vor, bevor ich in solche Gruppenarbeiten gehe.

Denkprozesse schaffen wir als introvertierte Menschen meistens am besten alleine, anstatt in einer großen Gruppe.

Das soll nun aber nicht heißen, dass man weniger Motivation besitzt oder nicht in der Gruppe arbeiten kann.

Es lassen sich aber noch weitere Vorurteile finden, die man sehr oft auch in den Medien hören kann. Einige dieser Vorurteile habe ich Dir noch mitgebracht:

Passives Verhalten

In größeren Gruppen verhalten sich Introvertierte sehr oft zurückhaltend, was zu einer passiven Art führen kann. Doch eigentlich ist das nicht der Fall. Du und auch ich hören nur zu, anstatt wild durcheinander zu reden. Deswegen kann der Anschein entstehen, man sei passiv oder hätte kein Interesse. Zeit zum Nachdenken kann helfen, damit sich auch ein Introvertierter in die Gespräche mit einbinden kann.

Erbitte Dir diese Zeit zum Nachdenken, wenn man versucht, Dich in die Gespräche mit einzubinden. Ich selber muss mir dieses Vorurteil auch sehr oft anhören und erkläre den Menschen einfach, warum es scheint ich wäre passiv.

Unfreundlichkeit

Unfreundlichkeit ist ebenfalls ein Aspekt, der dem Introvertierten immer wieder nachgesagt wird. Doch dieses Vorurteil entsteht nur, weil Du und auch i eine sehr zurückhaltende Art haben.

Wir erzählen nicht jedem Menschen unsere Lebensgeschichte. Schon alleine aus diesem Grund scheinen sich die meisten Menschen unwohl zu fühlen. In einer extrovertierten Gesellschaft wird mehr von uns erwartet als ein kurzes Hallo oder eine schnelle Begrüßung.

Der klassische Small-Talk sollte im Mittelpunkt stehen. Wir können das, denn auch wir sind nicht unfreundlicher als andere Menschen. Jedoch sind wir Introvertierten in der schriftlichen Form einfach besser. Sobald wir uns in der eigenen Wohlfühlform befinden, kann auch ein Introvertierter die Freundlichkeit herausholen.

Unnahbar

Introvertierte sind von sich aus ein sehr verschlossenes Volk, man kann sagen, sie scheinen nicht den Drang zu besitzen, sich nach außen hin zu zeigen. Offenheit liegt uns einfach nicht und auch das kann man als Vorurteil immer wieder hören.

Um diesem Urteil aus dem Wege zu gehen, kannst Du versuchen, einfach etwas offener über belanglose Dinge zu reden. Das reicht den meisten Menschen aus, um ein anderes Bild zu bekommen.

Auch wenn man gegenüber den Introvertierten sehr viele Vorurteile hat, so kannst Du immer wieder erkennen, dass es nur die äußere Wahrnehmung ist. Wenn Menschen etwas sehen, urteilen sie darüber, das hat aber nichts mit Dir und Deiner Person zu tun.

Sondern es hat etwas mit dem Unverständnis der anderen Mitmenschen gemein.

Auch ich musste mich immer wieder diesen Herausforderungen stellen und kann Dir als Tipp nur vermitteln, dass die Introvertiertheit keine Schande ist und Du mit Verständnis auf andere Personen reagieren solltest.

Vorteile und Nachteile von Introvertiertheit

Ich bin anders! Damit haben wir uns doch schon abgefunden. Auch wenn viele das Introvertierte in einem Menschen als etwas Schlechtes ansehen, so kann man das alles auch mit anderen Augen betrachten. Introversion hat Vorteile und Nachteile, die wir nun direkt betrachten wollen.

Ich möchte Dir damit aufzeigen, dass die Introvertiertheit auch bei Dir Vorteile hat. Das heißt aber auch, dass alle Deine Ängste nicht immer begründet sind.

Ja, ich habe diese Ängste auch, und Bedenken fast täglich. Doch ich habe das, was ich bin, einfach angenommen.

Vorteile, die man als Introvertierter hat

Als ein introvertierter Mensch wird man in vielen Bereichen des Alltages geschätzt, auch wenn das nicht immer so aussieht. Unsere analytischen Fähigkeiten und der Blick für das Wahre können schon beneidenswert sein. Das sehen vor allem Menschen, die das nicht haben.

Was hat die Introvertiertheit nun für Vorteile:

- Qualitative Gespräche

- Intensivere Freundschaften

- Hinterfragen von scheinbar einfachen Themen

- Trendresistent

- Kreativität

- Besser entspannen, genießen können

Wer als introvertiert gilt, der kann ein Gespräch besser führen, denn wir denken, bevor wir sprechen. Zudem haben wir eine bessere Menschenkenntnis, da wir analysieren können.

Auch unsere Kreativität kann man nicht abstreiten, immerhin können wir durch die Ruhe, die wir uns gönnen, besser denken.

Wir lassen uns nicht so leicht ablenken und liefern oftmals bessere Ergebnisse. Trends müssen wir nicht hinterherjagen. Das spart Zeit und Geld und zudem können wir nicht so einfach beeinflusst werden.

Die Vorteile Deiner Introvertiertheit liegen aber auch in der Entspannung. Wir entspannen durch Ruhe und schöpfen daraus Energie. Das schützt vor Burnout und anderen stressbedingten Erkrankungen.

Sicherlich kennst auch Du viele Menschen, die unter Stress leiden. Etwas Ruhe und ein wenig Introvertiertheit können nicht schaden.

Nachteile der Introvertiertheit

Wo es Vorteile gibt, muss es auch Nachteile geben. Denn natürlich ist nicht immer alles Gute beisammen.

Welche Nachteile lassen sich nun finden?

- Man wird von Menschen schlechter integriert

- Viele Vorurteile

- Einsamkeit droht

- Oft Erklärungsnot

- Man gilt als unfreundlich

Aber nicht alle Nachteile müssen kategorisch schlecht sein, die Einstellung und der Umgang damit sind ausschlaggebend ob und sie deine Lebensweise beeinflussen können.

Introvertiertheit im Alltag nutzen

Im Alltag und auch im Job musst auch Du als Introvertierter immer wieder aus deinen Gewohnheiten ausbrechen. Auch ich kenne dieses unangenehme Gefühl, wenn man etwas machen muss, das gegen seine Natur ist.

Menschenmengen, Teamarbeiten oder einfach die sozialen Kompetenzen machen uns Introvertierten das Lebens schwer. Aber nicht lange, denn Du bekommst natürlich die Chance, auch Dein Leben anders zu gestalten.

Ich möchte Dir nun meine Erfahrungen zum Thema Sozialleben und Berufsleben mitteilen. Dabei werde ich Dir auch einige Lösungsvorschläge vermitteln, wie Du mit diesen Themen und Situationen umgehen kannst.

Sozialleben als Introvertierter

Das Sozialleben kann man nicht nur privat betrachten, sondern entsprechend auch beruflich. Was heißt das nun aber für Dich und Dein Verhalten? Grundlegend kannst Du die netteste Person sein, die besten Leistungen bringen und nie einen Termin vergessen, bist

Du jedoch sozial nicht abrufbar, dann existierst Du einfach nicht. Gespräche mit anderen Menschen zu führen gehört also auch für Dich zum Alltag. Doch wie kann man das Problem lösen, wenn es um die Introversion geht?

Für Dich muss es nicht wichtig sein, sich mit vielen Menschen zu verstehen, sondern Du solltest beginnen zu sortieren, wer für Dich in Zukunft ein wichtiger Anker sein kann. Gerade im beruflichen Aspekt ist es bedeutsam, sich immer an das Management zu halten.

Wer extrovertiert ist, der baut Beziehungen von alleine auf. Durch die offene Art scheint es diesen Menschen ganz besonders leicht zu fallen. Als Introvertierter habe ich jedoch Probleme damit, denn die Menschen sehen mich als „komischen Menschen" an.

Auch ich baue sogenannte Beziehungsnetze auf, aber immer nur unter meinen Bedingungen. Wie das nun geht, das möchte ich Dir gerne vermitteln.

Wie baut man Beziehungsnetzwerke auf?

Auch als Introvertierter kann man sich mit Beziehungen zu anderen Menschen durchaus anfreunden. Es gibt wohl kaum etwas Besseres, als solche Beziehungen zu pflegen. Vor allem beruflich, aber auch privat hat man einige Vorteile. Nun baut man mit der Introversion nicht einfach mal so eine Beziehung auf. Aber auch wir sind in der Lage dazu, auch wenn nur im kleinen Kreise.

Das reicht oftmals schon aus. Plane Dir zum Pflegen Deiner Kontakte einfach jeden Tag ein paar Minuten ein. Beginne damit, diese Gewohnheit in das Leben zu integrieren und schaffe damit einen festen Bestandteil in Deinem Tagesablauf.

Kontakt muss man nicht immer persönlich mit einem Gespräch halten, sondern auch das Versenden von Bildern oder Nachrichten kann dazu beitragen. Das bietet Dir den Vorteil, dass Du Deine Gedanken schriftlich verfassen kannst.

Beruflich sieht das jedoch anders aus. Auch hier kannst Du soziale Kontakte pflegen, jedoch nur wenn Du die Menschen auch wirklich ansprechen kannst. Dazu kannst Du Dir aber auch eine kleine Routine erarbeiten. Wie geht das nun? Suche Dir ein paar Kollegen heraus, die Dir am besten als Kontaktpartner erscheinen.

Dort kannst Du nun versuchen, Dir täglich ein kleines Lächeln abzugewinnen oder einfach am Morgen im Büro eine Runde zu drehen. Frage nach einfachen Dingen, wie beispielsweise das Familienleben läuft oder was es Neues gibt. So kannst Du am einfachsten den Weg in die sozialen Kompetenzen nutzen.

Das Berufsleben eines introvertierten Menschen

Sprechen wir von einem Berufsleben, dann sehe ich die vielen Herausforderungen, die damit verbunden sind. Vor vielen Jahren noch waren unsere Einstellung zum Leben und unsere Merkmale ein Karrierekiller. Introvertierte waren in den Gesprächen mit potenziellen Arbeitgebern immer wieder hinten angestellt.

Sie wurden nur ungerne eingesetzt, da man mit ihnen auch die vielen negativen Aspekte der Introversion verbunden hat. Doch seit ein paar Jahren gibt es in den Führungsebenen der Unternehmen ein Umdenken.

Woher stammt dieses Umdenken nun genauer? Vorgesetzte haben erkannt, dass neben dem ruhigen und zurückhaltenden Verhalten auch ein wissendes und erkennendes Verhaltensmuster liegt.

In unterschiedlichen Berufen kann man sich als Introvertierter durchaus eine Karriere schaffen. Vor vielen Jahren begann der Trend, sich als extrovertiert auszugeben, bevor man anfängt, sich seiner eigenen Person zu stellen.

Ich würde Dir davon jedoch sehr stark abraten, denn am Ende ist es nicht deine Persönlichkeit und das Schauspiel fliegt irgendwann auf. Charles Bukowski sagte einmal: Ich bin kein Menschenhasser, ich fühle mich nur einfach besser, wenn ich niemanden um mich habe.

Das beschreibt den Introvertierten in mir perfekt. Wie Du nun in dem Arbeitsleben, welches extrovertiert ausgerichtet ist, zurechtkommen kannst, soll Dir in diesem Bereich erklärt werden.

Lasse Dich also überraschen, was die Arbeitswelt für Dich und auch für mich bereithält.

Präferenzen im Arbeitsleben: Introvertierte sind die perfekten Angestellten

In der Arbeitswelt sind introvertierte Menschen sehr hilfreich und zudem auch sehr wertvoll. Das haben große Unternehmen schon sehr lange erkannt. Ich als Introvertierter habe die Fähigkeit, mir Informationen anzuhören, sie aufzunehmen und dann zu verarbeiten. Zudem schaffe ich es, mich klar und strukturiert einem Projekt zu widmen und auch Probleme anhand einer Analyse zu bewältigen.

Der große Vorteil Deiner Introvertiertheit ist, dass Du erst denkst, bevor Du eine Handlung ausführst. In der Entscheidungsfindung bist Du effizient und höchst konzentriert. Somit sind impulsive und schnelle Entscheidungen nicht Deine Präferenz.

Kalkulieren, abwägen und dann entscheiden, das sind Deine Stärken. Für Unternehmen kann das ein enormer

Zugewinn sein, wenn man bedenkt, welche Qualitäten in einer introvertierten Arbeitskraft stecken.

Du hast also durchaus auch das Potenzial, mal eben einen Weg in die Unternehmen dieser Welt zu finden. Wichtig ist, dass Du Deine Stärken nach vorne bringst und nicht das, was alle Welt über Introvertierte denkt.

Dadurch wird erst das negative Sinnbild erzeugt. Wie sieht es nun aus, wenn wir als Introvertierte in einem Unternehmen arbeiten? Grundsätzlich ergänzen wir uns perfekt mit den extrovertierten Kollegen. Auch wenn es anfänglich keine wirklichen Merkmale oder Gemeinsamkeiten gibt. Ganz niedlich ist der Vergleich, dass der Introvertierte in einer Gruppe der Kopf ist und der Extrovertierte der Mund.

Für Dich ist es bedeutsam, einfach den Weg in die Introversion nicht als Nachteil zu betrachten. Um im beruflichen Leben einen Erfolg feiern zu können, musst Du Deine Stärken kennen. Welche sind das? Schreibe sie am besten auf und finde in diesen Aspekten einen Vorteil für alle Arbeitgeber.

Bezieht man sich bei einer sozialen Kompetenz nur auf die privaten Züge, muss man erkennen, dass Introvertierte wie wir es schwer haben. Aber auch bei dem Thema konnte ich mir meine Eigenheiten mal wieder zu Nutze machen.

Gesellschaftliche Zusammenkünfte aller Art gehören einfach mit zum Leben dazu. Auch Du musst Dich gelegentlich diesen Zusammenkünften stellen. Partys waren schon immer eine verhasste Angelegenheit, wenn es nach meinem Empfinden geht. Bei einer Party oder einer anderen Veranstaltung fühlte ich mich schnell benommen und vollkommen kaputt.

Diese Menschenmengen waren einfach nicht mein Ding, wenn man das so sagen konnte. Sobald es wieder um eine Einladung ging, versuchte ich eine Ausrede zu finden.

Es ist also kein Geheimnis, dass wir als Introvertierte Partys nicht sonderlich mögen, auch wenn sie einfach mit zur Gesellschaft gehören.

Doch hast Du Dich gefragt, warum wir keine Partys mögen und wie man das Ganze verändern kann?

Wenn ich von mir selber sprechen darf, dann mag ich keine Partys, weil ich mich dort unwohl fühle. Es ist einfach eine Welt, die ich nicht leiden kann.

Ich habe nun ein Geheimrezept für Dich, wie man sich auf Partys auch als Introvertierter noch gut amüsieren kann.

1) Bereite Dich auf die Party vor. Gehe nicht mit einer schlechten Grundeinstellung hin.

2) Stelle Dir vor, die Party ist voller Gleichgesinnter. Du magst die Menschen um Dich herum.

3) Stelle Dich nicht einfach in eine Ecke, sondern bewege Dich.

4) Sondere Dich nicht zu stark ab und versuche die Menschen zu analysieren.

Natürlich macht das nicht jede Party erträglich, doch mit Übung schaffst Du es auch zu solchen Veranstaltungen zu gehen.

Führungskraft oder selbstständig?

Irgendwann wird die Frage auch auf Dich zukommen, was Du gerne in Deinem Leben haben willst. Möchtest Du in einem Unternehmen arbeiten oder doch den Weg in die freie berufliche Entfaltung suchen. Beides kann man als Introvertierter hervorragend bewältigen.

Dazu habe ich Dir ein paar Motivationsbeispiele gesucht. Grundlegend gelten Introvertierte als unglaubliche kreativ und haben das Potenzial, erfolgreich und motiviert zu sein. Genau darin liegen die Schlüssel auch für deinen Erfolg. Große Persönlichkeiten, die Geschichte in der Unternehmensentwicklung geschrieben haben, waren alle introvertiert. Das ist doch kein Zufall?

Dazu habe ich Dir einige Beispiele angeführt, die nicht alle als Unternehmer tätig waren, jedoch große Erfolge gefeiert haben.

Der Maler Picasso war ein introvertierter Mensch und auch Marie Curie, die den Nobelpreis gewann, hat sich von ihrer Introversion nicht stören lassen. Steve Wozniak hat den ersten Apple-Computer erfunden. Er wird heute von so vielen Menschen als Held gefeiert. Aber auch er zog sich lieber zurück und verbrachte viel Zeit alleine.

Es wäre kaum vorstellbar, dass diese Menschen erfolgreich wären, wenn sie nicht die Ruhe und die Zurückgezogenheit geliebt hätten. Denn dadurch hat man die Möglichkeit, auch wirklich über Dinge und Projekte nachzudenken.

In uns steckt also durchaus das Potenzial, in einer Führungsposition zu arbeiten oder sogar als Selbstständiger den Weg in die berufliche Unabhängigkeit zu wagen. Natürlich muss man als Introvertierter auch über seinen Schatten springen können.

Es gibt Situationen im Alltag und auch im beruflichen Werdegang, da muss man vor vielen Menschen sprechen oder an Versammlungen teilnehmen. Das kostet mich viel Kraft, die ich dann aber wieder durch ruhige Spaziergänge auftanke. Der Spagat zwischen introvertiert und extrovertiert ist durchaus vorhanden und scheint den meisten Menschen auch wirklich auf kurze Sicht möglich zu sein.

Vorbereitung ist alles

Gehst Du in ein normales Arbeitsumfeld, also einen Betrieb oder ein Unternehmen, dann möchte ich Dir heute ein wichtiges Tool mit an die Hand geben. Es nennt sich Vorbereitung. Die eigene Vorbereitung auf alltägliche Arbeitsabläufe kann Dir dabei helfen, das Gen Deiner Introversion zu steuern.

Ein traditionelles Arbeitsumfeld ist durch Teamwork gekennzeichnet. Dieser Aspekt ist ein Bereich meiner beruflichen Karriere, dem ich immer wieder skeptisch gegenüberstehe.

Ich habe kein Problem damit, Menschen um mich zu haben. Aber ich habe ein Problem mit dem Äußern meiner Gedanken.

Um Meetings, Brainstorming und auch geschäftliche Treffen komme ich aber nicht herum. Extrovertierte

Menschen haben es leichter, wenn es um diesen Lebensbereich geht.

Denn sie haben die Möglichkeit laut zu denken. Ich hingegen höre mir die Meinungen an, wäge ab und analysiere, bevor ich etwas sage. Deswegen wirke ich zurückhaltend und zögerlich.

Wenn Du nun denken solltest, dass sowas nichts für Dich ist, dann möchte ich Dir einen Trick verraten. Ich selber wende ihn schon viele Jahre an. Mit meinem Ratschlag, den ich Dir gleich vermitteln werde, kann ich unter anderem die Möglichkeit schaffen, etwas in Versammlungen oder Meetings beizutragen.

Bei Meetings oder auch Brainstorming-Aufgaben wird im Vorfeld angekündigt, wann diese Versammlung stattfinden soll. Außerdem wird auch oft das Thema bekannt gegeben. Ist das nicht der Fall, dann versuche es herauszufinden. Habe keine Scheu, diese

Informationen im Vorfeld haben zu wollen. Denn sie sind die Grundlage für Deinen Erfolg.

Hast Du nun diese Aspekte alle zusammengetragen, mache Dir Gedanken zu den Unterpunkten. Auch Ideen zu den Themen können dabei helfen, dass Du bei einem Meeting besser zurechtkommst.

Diese Vorbereitungen helfen Dir dabei, einfach den besten Weg in die Meetings oder die Gruppenaufgaben zu finden. Du musst nun keine Überstunden machen. Doch ein paar Gedanken kannst Du immer wieder nutzen. Dazu reichen ruhige Minuten, die Du Dir am Tag gönnen kannst.

Es gibt aber auch andere Aspekte, wie Du solche Aufgaben im Arbeitsalltag meistern kannst. Wenn ein Meeting spontan entstanden ist, dann lass Dich nicht einschränken.

Sage ganz offen, dass Du Dir darüber Gedanken machen musst, und schicke Deine Ideen und Ergänzungen einfach per E-Mail. Niemand kann Dich zwingen, Deine Gedanken direkt zu formulieren.

Schreiben statt zu reden hat Dir als Introvertierter schon immer besser gefallen. Deswegen ist es nicht verwunderlich, dass auch Deine Lust, an Gesprächen teilzuhaben, wenige Erfolge bringt.

Pausen in der Arbeitszeit nutzen

Ich möchte an dieser Stelle des Buches auf eine sehr einfache Struktur hinweisen, die aber auch ich immer wieder vergesse. Das Thema, welches nun behandelt werden soll, heißt Pausen. Introvertierte Menschen sind eine ganz eigene Liga, die nicht nur anders mit dem Thema Kommunikation umgehen will, sondern auch Pausen werden einfach mal über Bord geworfen.

Auch ich habe das Problem, dass ich in meiner Arbeitsbegeisterung einfach vergesse, Pausen zu machen. Das führt nicht nur zu Missgunst bei anderen Mitarbeitern, sondern auch sehr oft zu Überforderung.

Deswegen möchte ich Dir an dieser Stelle vermitteln, dass es anzuraten ist, einfach mal eine Pause machen zu können. Auch Du als Introvertierter kannst Dir eine Pause gönnen. Ich kann es anhand von eigenen Erfahrungswerten immer wieder nur bestätigen.

Es bringt keine Pluspunkte, wenn man nicht in der Lage ist, sich bei all der Arbeit eine Pause zu gönnen.

Wer als introvertiert gilt, der ist oftmals mit einem hohen Verantwortungsbewusstsein gesegnet. Was andere sich immer wieder wünschen, das hast Du sozusagen in die Wiege gelegt bekommen. Das führt aber auch dazu, dass sich viele unserer Mitmenschen einfach zu viele Aufgaben aufladen und damit schnell an Überforderung leiden.

Produktivität ist der Schlüssel zu einer erfolgreichen Karriere. Diese musst Du jedoch nicht mit der Masse an Stunden zusammenbekommen, sondern viel mehr mit der Arbeit und ihren Ergebnissen. Wirkliche Produktivität kann nur entstehen, wenn man sich auch die Ruhe gönnt, die der Körper benötigt.

Deswegen mein Tipp für Dich:

Verantwortungsbewusstsein und Leistungsbereitschaft sind zwei sehr lobende Aspekte, die von den Mitmenschen in Deiner Umgebung geschätzt werden. Jedoch solltest Du niemals Dich und Deine Bedürfnisse vergessen. Lass den PC auch mal aus und tu etwas nur für Dich und Dein Wohlbefinden.

Lerne Dich selber zu akzeptieren

Sich selber so zu nehmen, wie man ist, das kann eine große Herausforderung sein. Deswegen soll es nun in diesem letzten Abschnitt darum gehen, wie Du Dich kennenlernen kannst und wie Du vor allem die Sicht auf Deine Introversion besser verstehst.

Um sich selber zu verstehen, ist es natürlich auch wichtig, sich selber besser machen zu wollen. Deswegen ist die Entwicklung Deines Selbst immer am wichtigsten. Wir beginnen mit der Erweiterung Deiner eigenen Komfortzone und steigern uns dann. So lernst Du nicht nur Dich kennen, sondern Du schaffst es, Dich besser zu verstehen.

Komfortzone erweitern

Wir alle lieben die Komfortzone, in der wir uns jeden Tag bewegen. Welche Komfortzone hast Du? Sicherlich ist es die Ruhe und vielleicht auch das Alleinsein, was ich immer wieder schätze. Ich liebe es, Zeit mit mir und meinen Gedanken zu haben und einfach mal meine Seele baumeln zu lassen.

Doch das bringt Dich im sozialen Umfeld nicht weiter. Vielmehr wäre es bedeutsam, sich der Komfortzone zu stellen. Es handelt sich dabei um etwas Dynamisches und nicht um eine statische Betrachtungsweise.

Die meisten Menschen wollen die Komfortzone nicht verlassen, weil in ihr die Sicherheit herrscht, die wir Menschen so dringend suchen. Außerhalb dieser Zone scheint das Leben unsicher zu sein.

Nun ist es aber auch für Dich als Introvertierter wichtig, deine Komfortzone zu erweitern, um einfach auch die sozialen Kompetenzen zu nutzen. Erweitere Deine persönliche Komfortzone und Du wirst merken, wie Du an diesen Aufgaben wächst.

Minimalismus im Bereich Unsicherheiten

Unsicherheit ist ein Thema, bei dem sehr viele aus unserer Gruppe sich immer wieder zu Wort melden würden. Vor allem im privaten Bereich kann man sich sehr stark von Unsicherheiten leiten lassen. Sie sind meist dann vorhanden, sobald Du Dich Situationen stellst, die Dir nicht zusagen. Sei es eine Party, der Aufenthalt im Familienkreise oder ähnliche Aspekte. Auch in diesem Bereich oder Aspekt kann ich Dich nur zu gut verstehen.

Gerade wenn es um den Aspekt Partys geht, kann ich meine Unsicherheiten kaum mehr zügeln. Ich sitze oft gelangweilt herum, weil ich nicht unhöflich sein will. Deswegen gehe ich nie als Erster. Unsicherheiten wie diese kann man ganz einfach überwinden. Setze Dir ein Zeitlimit, beispielsweise 2 Stunden.

Sage dem Gastgeber direkt bei der Einladung, dass Du aber nur 2 Stunden Zeit hast. So umgehst Du das Problem der Unsicherheit. Bleibe aber bei Deinem Entschluss. Das Gleiche gilt auch bei anderen Dingen. Wenn ihr ins Kino geht, dann sollte Dein Zeitlimit auf den Film beschränkt sein.

Bedenke auch Deine Gesprächspartner, wenn Du unter Leuten bist. Das Thema sollte außerdem gut gewählt sein. Das Ganze geht natürlich auch bei fremden Menschen. Schaue Dir die Personen genauer an. Was kannst Du sehen? Themen sollten von Dir einfach gewählt werden. Also nichts Schweres für den Abend, sondern eine nette und lockere Unterhaltung.

Small-Talk

Auch ein Thema, bei dem ich mich sehr unwohl gefühlt habe. Ich hasse es nahezu, weil dieses Geplapper einfach keine sinnvollen Ergebnisse liefert. Darauf kommt es beim Small-Talk auch nicht an, sondern vielmehr auf das Thema Unterhaltung. Sieh das Sprechen mit anderen Menschen nicht als Strafe, sondern als Herausforderung.

Denn dadurch hast Du die Chance, Dich nicht nur mit Gleichgesinnten zu unterhalten, sondern auch spezielle Themen zu behandeln. Wie das gehen soll? Du suchst Dir Menschen, die den Small-Talk können, denn das sind meisten Introvertierte.

Extrovertierte Menschen können den Small-Talk nicht sonderlich gut, denn ihnen fehlt eine besondere Eigenschaft und das ist das Zuhören. Um eine wirklich nette Unterhaltung zu führen, solltest Du Dich für die Person interessieren.

Finde bei einem Gespräch die Werte des Menschen und seine Interessen. Schnell wirst Du merken, dass auch Dir der Smalltalk gefallen kann.

Erinnere Dich außerdem an positive Gespräche und versuche diese positiven Eigenschaften und Gefühle zu manifestieren. Das wiederum führt zu einer positiven Einstellung.

Akzeptanz seiner Selbst

Es ist immer schwer, sich selber als die Person zu nehmen, die man ist. Auch ich hatte viele Jahre ein Problem mit meiner Introversion und meinem Verhalten.

Ich habe allerdings gelernt, mich selber als die Person zu nehmen, die ich bin. Und nun möchte ich auch Dir diese Möglichkeiten vermitteln. Der Schlüssel zu Deinem Glück ist die Akzeptanz Deiner eigenen Person.

Auf Dich wartet jetzt ein Leitfaden, der Dir vermitteln wird, wie man diese Akzeptanz erreicht.

1) Deine Stärken in den Vordergrund stellen: Stelle Deine eigenen Stärken in den Vordergrund und beginne Dich als wertvolle Person zu betrachten. Auch wenn Du anders bist als ein großer Teil der Menschen, so bist Du nichts schlechter. Nein, Du bist so, wie Du heute bist, perfekt. Stärken lassen sich am besten erkennen, wenn man sie aufschreibt. Deswegen würde ich Dir empfehlen, einen Zettel in die Hand zu nehmen und einfach Deine persönlichen Stärken aufzuschreiben. Notiere Dir diese und hänge diesen Zettel auf.

2) Arbeite an Dir: Beginne an Dir und Deinen Schwächen zu arbeiten. Durch die persönliche Entwicklung kannst Du viele Deiner Schwächen minimieren und dadurch einfach besser mit Dir und Deinen Eigenheiten umgehen.

3) Erweitere Deine Komfortzone: Raus aus dem Komfort und rein in das Unerwartet heißt die Devise. Deswegen musst Du auch gelegentlich über Deinen Schatten springen, um stolz auf Dich zu sein.

Es sind nur diese drei Dinge, die helfen, Dich selber besser zu akzeptieren und glücklich über Dein Leben zu sein. Du solltest also beginnen, Dich heute hier und jetzt zu verändern.

Achtung vor der Einsamkeit

Das Alleinsein ist ein Punkt, den sehr viele Introvertierte mögen. Sie mögen es, mit sich und den Gedanken einfach eine Zeit alleine zu sein. Doch wie sieht es aus, wenn aus dem Alleinsein eine Einsamkeit wird?

Der Grat ist schmal, auch wenn man es als Introvertierter so nicht sehen will. Ein zurückgezogenes Leben kann schnell zu Einsamkeit führen. Je mehr Du Dich von Deinen Mitmenschen fernhältst und Dich sogar immer wieder entschuldigen lässt, nur um aus Deiner Komfortzone nicht ausbrechen zu müssen, desto realer wird die Einsamkeit.

Den starken Wunsch alleine zu sein, kann ich nur zu gut verstehen. Immerhin habe auch ich dieses Problem. Doch mit diesem Wunsch, dem Du durchaus nachgehen kannst, isolierst Du Dich auch.

Verspürst Du die Einsamkeit schon, dann ist das nun ein Signal, etwas zu ändern. Auch als introvertierter Mensch braucht man die sozialen Bindungen und die Menschennähe. Wenn auch nicht für lange Zeit. Doch sobald Du Dich immer mehr zurückziehst und stetig alleine bist, solltest Du den Weg aus diesem Hamsterrad finden.

Versuche wieder mehr unter Menschen zu gehen. Ich kann mir vorstellen, dass es eine schwere Last sein kann. Immerhin ist die Einsamkeit ein Problem, mit dem Du nun kämpfen musst. Sie lähmt den Menschen zunehmend. Versuche Dich deswegen mit anderen Menschen zu verbinden und nutze die Chance, auch mal außerhalb Deiner vier Wände oder Deines Kopf aktiv zu werden.

Ich hoffe, ich konnte Dir einen kleinen Einblick darin geben, dass man als introvertierter Mensch nicht immer alleine sein muss. Du hast kein Schicksal, sondern eine Gabe, und die zeigt sich in vielen Lebensbereichen immer und immer wieder.